수다 축이 기울 때

박경연

부산대학교 교육대학원 학교상담학과 졸업
2021년《부산시조》신인상 등단
부산시조시인협회, 부산여류시조문학회, 오늘의시조시인회의, 부산문인협회 회원
시샘 동인
zoo-go1107@hanmail.net

수다 축이 기울 때

—

초판 1쇄 2025년 10월 20일
지은이 박경연
펴낸이 김영재
펴낸곳 책만드는집

—

주소 서울 마포구 양화로3길 99, 4층(04022)
전화 02-3142-1585·6
팩스 336-8908
전자우편 chaekjip@naver.com
출판등록 1994년 1월 13일 제10-927호
ⓒ 박경연, 2025

—

* 이 책의 판권은 저작권자와 책만드는집에 있습니다.
  이 책 내용의 전부 또는 일부를 재사용하려면 양측의 동의를 받아야 합니다.
* 본 도서는 2025년 부산광역시, 부산문화재단〈부산문화예술지원사업〉으로 지원을 받았습니다.

부산광역시 부산문화재단

—

ISBN 978-89-7944-911-2 (04810)
ISBN 978-89-7944-354-7 (세트)

책 만 드 는 집
시인선 270

수다 축이 기울 때

박경연 시조집

책만드는집

| 여는 시조 |

막 깨어난 아침이
구름을 걷어내면

해맑은 그대 얼굴
민낯으로 맞는다

눈꺼풀 밀어낸 자리
첫걸음을 디디며

2025년 10월
박경연

| 차례 |

5 • 여는 시조

1부 오늘 하루 따뜻하다

13 • 또 한때 맑음
14 • 도시로 간 홀씨
15 • 믿는 만큼 자랍니다
16 • 유품정리사
17 • 파도는 아닙니다만
18 • 울란바토르 생각
19 • 씀바귀꽃
20 • 기억은 죄가 있다
21 • 지금은 정체 중
22 • 용미리 마애이불입상
23 • 무료 급식소
24 • 계속해도 될까요
25 • 맥문동 옆에 앉아
26 • 다 그렇지 뭐
27 • 봄 한때
28 • 왜 그랬을까

2부   거울인 듯 날 보며

31 • 우선 대기표
32 • 품 넓은 의자
33 • 비움이 말을 걸다
34 • 늦어서 미안해
35 • 먼 나라, 가까이서-보트피플
36 • 수다 축이 기울 때
37 • 2막을 열다
38 • 1%의 확률
39 • 잘못된 선택
40 • 수혈
41 • 삼십 년 부부
42 • 기다리지 않는다
43 • 웹 서핑
44 • 당겨야 산다
45 • 해바라기의 배신
46 • 오케스트라 흔적

3부 위아래 아우르는 길

49 • 잠시라도
50 • 역경을 거꾸로 읽으면
51 • 이른 아침 산사
52 • 원숭이 꽃신을 벗다
53 • 지금이 가장 빠를 때
54 • 부채 같은
55 • 쇠백로, 온천천을 날다
56 • 발갛게 부어오르는
57 • 홀대에 허우적대다
58 • 바느질 줄 서기
59 • 대숲을 걷다
60 • 뭐야, 또
61 • 갈대, 오해를 풀다
62 • 새우깡
63 • 잠을 잊은 그대에게
64 • 사랑의 흔적

4부 또 어디로 갈까

67 • 십일월 앞에서
68 • 우려내다
69 • 묻힐 수 없는
70 • 구절초 시간
71 • 말랑해지는 시간
72 • 내일이 있다는 건
73 • 기다림이 필요할 때
74 • 단풍 가슴
75 • 이상기후를 읽다
76 • 그래도 힘내
77 • 공항은 다이어트 중
78 • 비워내기
79 • 당신은 참깨
80 • 대나무를 읽다
81 • 나들이가 야속해
82 • 너는 아파트

5부 속삭임도 닮는다

85 • 먼나무, 어렵니
86 • 보내지 못한 말
87 • 삼족오를 기다리며
88 • 다시 청춘
89 • 통과 불통 사이
90 • 억새의 시간
91 • 괭이갈매기
92 • 물, 이중성을 읽다
93 • 반전을 기다리며
94 • 되감기
95 • 경주 주상절리
96 • 한자리
97 • 겨울이 살고 있다
98 • 궁중채화를 만나다
99 • 오늘도 불면증
100 • 도돌이 장마

101 • 해설 _ 김태경

1부

오늘 하루 따뜻하다

또 한때 맑음

입 짧은 햇살 아래 빨래가 줄을 탄다
바람에 몸을 실어 하늘까지 닿을 무렵
갑자기 웅크린 구름에 바빠지는 걸음들

후두둑 알림 없이 뿌려지는 순간 공격
숨 죽어 매달려선 구해달라 손 내민다
물먹어 축 늘어지다 구겨진 채 들어가는

난타로 두들기던 빗줄기 밀려난다
설레발 밉지 않은 그대를 맞이하며
젖은 맘 걷어 가기를 보폭 넓게 나선다

도시로 간 홀씨

품속에 머물 거라 일구던 텃밭인데

뿔뿔이 날아가고 꽃대만 덩그렇다

꿈 찾아 떠나간 자리
꽃불이면 좋겠다

믿는 만큼 자랍니다

아이의 기억 속에 살아 있는 양치기
좁아진 잣대로만 재어본 거리에서
가까이 서지 못하고 또 멀어져 간다

바람이 지나가면 팔 벌려 어울리고
빗방울 떨어질 땐 털어낼 수 있는데
기우는 우산 속에서 부화시킨 올챙이

혼자서 일어서는 걸음이 서툴러도
때때로 넘어지다 제 자리 찾아가는데
온실 밖 정글 속에서 어쩌려고 저럴까

유품정리사

아까워 걸지 못한 목걸이 같은 시간
노을 붉게 걸리면 새까맣게 타는데
돌아선 가족이란 이름 빙빙 도는 환청들

밤새워 나누었던 다정한 이야기는
장롱 속 작은 틈에 덩그러니 남은 채로
손잡고 함께 가던 길 사라지는 되새김

파도는 아닙니다만

아침 해 따라나선 은갈치 펄떡인다

투망을 펴보지만 쉽게 잡히지 않는

바람을 타고 다니는 저 춤사위 파도다

울란바토르 생각

들꽃은 쫓겨 나와 발끝에 서성인다
네발로 달리는 말 가슴이 매캐하고
푸른 날 언제까질까 돌아눕는 미리내

불편한 게르 접고 아파트에 맛을 들인
붉은 영웅* 지나던 길 순한 발바닥으로
슬며시 고향 지우는 새로고침 애달프다

돌아올 생각 없이 앞만 보고 달려 나간
미래는 먼 이야기 욕심에 체한 저녁
흙 잃은 아스팔트엔 엉겅퀴도 돌아앉고

* 몽골의 독립 영웅 담딘 수흐바타르Damdin Sükhbaatar를 기리는 이름

씀바귀꽃

쌉싸름 봄을 담는 어머니 바쁜 손길

뿌리만 남은 터에 푸르게 물을 올려

노랗게 희망을 품고 거울 앞에 서는 길

기억은 죄가 있다

몇 번을 일렀느냐 가슴을 쳐대지만
기억이 안 난다고 단칼에 베어버린
뿌리만 보듯이 살아 해 사랑을 그린다

기지개 가만 켜며 자리를 지켜보려
키높이 신발 찾아 볕 조각 따라가도
담장을 넘지 못하는 짧디짧은 눈 맞춤

지금은 정체 중

꼬리 문 대열에는 옆구리가 시리다

앞만 보다 놓치는 길섶의 풀꽃처럼

샛길을 그려보는 날
바람 타는 머리칼

용미리 마애이불입상

남북이 힘 모으라 이르고 있는 걸까
우리의 통일 염원 두 손에 꼬옥 담아
꽃으로 피어나라는 그 말씀을 전하며

혼자서 하기보단 둘이서 가야 할 길
층층이 쌓여가는 소원 담은 자물쇠
풍경에 바람이 스쳐 합장하고 나선다

무료 급식소

준비도 안 됐는데 길게 선 어르신들
굽어진 어깨 뒤로 어린 햇살 내려와도
설익은 냄새에 지쳐 시장기만 더한다

고단한 걸음 너머 숨어 있던 배고픔
추위도 잊을 만큼 길게 줄지은 행렬
한 술에 몸이 녹는다 오늘 하루 따뜻하다

계속해도 될까요

돈이면 뭐든 되는 편리한 세상에도

도무지 열 수 없는 문 하나 남아 있다

아무리 두드려봐도 대답 없는 그대는

맥문동 옆에 앉아

이파리 하늘대는 바람에 맡겨두고
보랏빛 예쁜 천에 하나둘 별을 담아
전해줄 마음씨 하나 애면글면 키운다

콜록거린 밤을 두고 새벽은 모를 거야
눈꺼풀 내려오며 다리까지 풀어지는
정신을 모으려 해도 가물대는 숨소리

긴 시간 고이 숨긴 흰 속살 걷어내고
씨줄 날줄 촘촘하게 이슬을 빚어낸다
잠 못 든 네게로 간다
새 발걸음 가볍다

다 그렇지 뭐

회전목마 그 자리 다시 돌아가는 길
매일이 반복될 줄 속고 또 속지마는
한 발짝 더 자란 것을
우리 서로 모르는

봄 한때

바쁘고 정신없어 밥 한술 못 뜨는데
자식 키우는 재미 말씀하던 어머니
잊고 산 저편 기억에 맞장구칠 줄이야

다 자라 객지 떠난 밥그릇 닦아 넣어
일거리 줄었는데 가슴엔 돌덩이다
제 앞길 푸른빛인데 기우 같은 내 사랑

왜 그랬을까

모나게 던졌던 말 몇 사람 꽂았을까
마음과 달랐다고 외면을 해보지만
말없이 달려 나가서 송이송이 붉겠지

사각 귀 깎아내면 둥글게 된다는데
숨겨져 앉아 있다 거칠어진 바늘꽃
잠시만 한눈팔아도 뾰족하게 서겠지

2부

거울인 듯 날 보며

우선 대기표

한 번의 전성기로 스티로폼 경력 잃고
새하얀 가루가 되어 물고기 밥 되었지
싱싱한 민어 조기가 입을 닫고 누운 좌판

편했던 플라스틱 분리를 해냈지만
선택을 받지 못한 너는 또 떠돌다가
바다로 밀려 들어가 섬 하나를 만든다지

울다가 멍든 바다 끝없는 키 높이기
쫓겨난 북극곰은 꺼멓게 속이 탔대
다음은 누구 차롈까 눈 감아도 보이지

품 넓은 의자

골라서 안 받으니 고민 말고 꼭 오세요
편하길 바라지만 보장할 수 없지요
여기서 기다릴게요 이냥저냥 오세요

속상한 눈물 자국 분노의 그림자도
말없이 있는 그대로 품 열어 받아주는
당신의 큰 마음자리 흉내 내면 닮아질까

비움이 말을 걸다

더 넣을 여유 없어 따라온 좁은 공간

모든 걸 벗어던진 깨질 듯 파란 하늘

참 말간 바탕화면에 딱 필요한 그만큼

늦어서 미안해

살얼음판 걸어가듯 하루가 힘들었지
한쪽으로 치우친 고장 난 저울 앞에서
첫발을 제대로 못 뗀
앳된 목소리 맴돈다

스러진 큰 꿈 아래 헌화는 이어지고
빛 잃은 조각 맞춰 그대를 추모하며
귀한 생 떠나보내고 저울 다시 고친다

먼 나라, 가까이서
― 보트피플

먹어도 차지 않는
구멍이 있나 보다

넣은 만큼 다 빠지는
피난민 병증들

떠나온 가족 생각에
메울 수 없는 허기

수다 축이 기울 때

나이 들어 생겨난 쉽게 못 고치는 버릇
주변이 조용하면 왜 견디기 어려울까
할 말만 가려 하리라 다짐으로 남는다

틈만 나면 이르시던 어머니 말씀 떠올라
무르려 애써봐도 돌이킬 수 없는 시간
한 발짝 내디뎌 본다
거울인 듯 날 보며

2막을 열다

내 안에 숨긴 꿈이 고개를 쑤욱 든다
돌아서 망설이다 참 자주 놓아줬는데
떠밀려 줄 선 기억들 싹둑 다 잘라내며

색소폰 묵직한 음 감싸듯 반기는 날
두근댄 가슴으로 잃어버린 나를 찾아
나이에 눌어붙은 체증
불면까지 날린다

1%의 확률

만나면 옥신각신 멈출 수 없는 사이

평행선 갈 수 없어
달아나 버리지만

자꾸만 돌아보는 건 교차로가 있어서

잘못된 선택

좁은 땅 콩나물시루 눈앞 캄캄하다며
산수로 계산하다 놓쳐버린 통계치
저출산 파도에 밀려
돌아갈 길 아득하다

돈으로 살 수 없는 아기의 울음인데
지원비 타령 하는 눈가림 아웅 소리
시류를 읽지 못하는 인구정책 속 탄다

수혈

불 끄면 번개처럼 무작정 달려들어
가만히 내려 보다 기습 공격 펼친다
바늘을 거둬들이곤 이겼다고 웃으며

한 군데도 모자라 여기저기 게릴라전
화려한 비행 솜씨 꼭꼭 숨는 재주까지
모기 넌 가까이 못 할 빨대 꽂는 생이다

삼십 년 부부

누군가 길들였어 누구를 길들였지

돌아서면 다 잊는데 자꾸만 태엽 감는

맞잡은 손놀림 속에 익어가는 그림자

기다리지 않는다

휩쓸고 떠난 자리 소리만 돌고 돌아
있을 땐 몰랐는데 시려오는 어깻죽지
들볶은 젊음 너머로 아쉬움이 일렁인다

내 시곈 늦게 간다 원망 깐 어둠 너머
초록이 무성해져 제 갈 길 찾아가고
천천히 눌러 돌아도 변주되는 휘모리

웹 서평

모두가 화면 속에 손가락만 바쁘다
눈길 한번 안 주고 건져낸 전리품들
속없이 요란한 껍데기
어지러운
말
말
말

당겨야 산다

당기고 풀어주면 마음도 달래질까
아프다는 비명에도 내려놓지 못하는
끝났다 이제 살았다
펼쳐지는 두 날개

살갑게 못 해주는 내 마음 아는가요
외로운 줄다리기 오늘도 이어가며
내일은 괜찮아지리
또 다지며 당기는

해바라기의 배신

얼굴 잠깐 디밀고 친구만 찾는 아들
떠나간 자리에는 그림자만 길어진다
가만히 잡아주는 손
말 한마디면 되는데

오케스트라 흔적

서로에게 맞추며 앞서거니 뒤서거니
모두를 살려내고 천천히 또 빠르게
손끝의 작은 떨림을 읽어가는 재미다

큰 소리 작은 소리 자신의 목소리로
자잘한 이야기들 속속 다 담아내도
어디로 기울지 않는 맑은 향기 흐른다

3부
위아래 아우르는 길

잠시라도

모자 쓴 어르신이 등 굽은 채 앞서가면
낯익은 그 모습에 발이 먼저 따라가다
얼굴을 마주하고는 다리 풀린 길바닥

새하얀 모시옷에 마실 갔다 오실 때면
서랍장 층층마다 먹거리 불어났지
단맛이 손에 잡힌다
고리 살짝 당기면

역경을 거꾸로 읽으면

세월의 무게 앞에 무너져 가는 허리
바르게 서려 해도 힘에 자꾸 부친다
좁아진 시야 너머로 자신감은 더 줄고

꼿꼿한 그 시절의 짧았던 지혜들은
하나둘 쌓인 것이 이제 제법 높은데
거죽만 바라보고는 읽지조차 않는다

검색에 목을 매고 대면이 싫은 세대
손가락 하나로도 끄떡없이 살겠지만
경험을 어찌 배우나 자료들만 가지고

휘어진 등골에는 통계치 녹아 있고
지나간 시간만큼 다듬어진 솜씬데
위아래 아우르는 길
눈을 감고 걷지 않네

이른 아침 산사

깨달음 얻으려는
몸부림 쌓여 있다

바람이 스치는데
솜털을 바짝 세워

풍경에 말씀 깃들면
놓치지 않는다

원숭이 꽃신*을 벗다

본래의 모습으로 살기는 어려울걸
툭 던진 한마디가 가슴에 꽂히기까지
조그만 고통쯤에야 멈출 수가 없었지

맨발로 부딪치며 시작한 새 걸음마
멈추라 핏대 올리는 통증 그 너머로
건강을 되찾기 위한 몸부림을 잇는다

---

* 공짜로 받은 꽃신에 익숙해져 결국엔 꽃신을 사기 위해 오소리의 종이 되어버린 어리석은 원숭이 이야기.

지금이 가장 빠를 때

냉동실 숨어 있는 재료를 꺼내 들고
날 세워 요리하다 손을 베인 도마 위
아린 맛 범벅만 남은
황망해진 어스름

달려와 걱정하는 하나뿐인 내 옆자리
수줍은 하트 두 개
두 손을 꼭 모으면
온기를 덧대는 가슴 빗장 풀고 다시 뛴다

부채 같은

빗소리 씻긴 시간
햇살에 말려보면

너와 나를 깎아내
한 몸으로 만난다

바람이 이루어지는
댓잎 소리 다 읽는

쇠백로, 온천천을 날다

터전에서 밀려나 도망치듯 발 디딘 곳
짝조차 찾지 못한 시린 걸음 내디디며
한여름 스웨터에도 뼛속까지 아리다

검정색 스타킹에 멋을 낸 노란 구두
곧추세운 깃만큼 힘 들어간 부리 너머
내 안을 흔드는 바람
물소리로 달랜다

발갛게 부어오르는

탐내면 안 되는데 삼키고 후회한다
잠시만 방심하면 빼꼼히 들이밀어
귀퉁이 빌려달라며 가는 길을 막는다

저울 위 올라서서 뒤꿈치 살짝 들어
속에 든 찌꺼기도 걸러져 나온다면
빗장을 확 열어젖혀 마음껏 퍼줄 텐데

홀대에 허우적대다

서투른 남의 말을 속없이 쏟아내며
우리말 토박이말 휴지통에 던져두고
낯선 말 이름을 고르는
아파트며 간판들

힘들인 우리말은 사전 속에 잠을 잔다
외래어 유행어는 먹물로 번져가고
내 것을 먼저 알아야 여물 텐데 열매가

바느질 줄 서기

들어갔다 나오면
삐뚤빼뚤 줄을 선다

바짓자락 곁눈질에
오금이 저리지만

따끔한 충고 한마디에
다시 찾는 제자리

대숲을 걷다

술대를 쥔 손에 바람이 지나가면
아슬한 손끝 타고 이슬에 떨어지던
대 소리 허공을 돌아 마음 문을 두드린다

목소리 숨겨둔 채 그대를 바라보며
그때 그 기억들이 직립으로 가는 길
잘난 척 담지 않아도 그득해진 햇살이다

뭐야, 또

어긋난 기억 두고 흐릿한 거리에서
가슴은 헤쳐 풀고 주먹을 휘두르는데
하늘이 눈웃음 살살 장난치듯 놀리듯

오늘의 깊은 그늘 껴안고 바라보다
지나간 시간 속의 그림을 찾아내어
잊었던 퍼즐 맞추며 꼬깃 주름 펴본다

갈대, 오해를 풀다

바람에 흔들리면 속없다 말하지만
꼿꼿한 뿌리 위로 흐름을 읽어낸다
누구든 꺾이지 않고 살아남는 길인걸

새우깡

처음엔 별거 있나 건성으로 그랬는데
어쩌다 맛에 빠져 잊히질 않는 거야
뱃전을 기웃거리면 손가락만 보이고

바사삭 소리 나면 절로 눈이 돌아갔지
머리를 쥐어박아도 몸이 먼저 반응하며
유람선 뒤쫓을 때는 가족조차 다 잊지

잠을 잊은 그대에게

올빼미 날아올라 우듬지 몸을 틀면
지나간 조각들이 얽혀서 줄을 선다
밝았던 표정 거두고 일그러진 모습으로

초시계 소리조차 숨죽여 흐르는데
머리는 예민해져 가시가 돋는 한밤
불면이 손을 잡으며 더 가자고 하지만

돌아온 햇살 아래 쪼그라든 종이같이
오늘도 웅크린 채 긴 벽에 기대서도
불안을 지워버리면 단꿈 절로 오겠지

사랑의 흔적

시끌벅적 흘리고 간 흔적이 어지럽다
무엇을 남기려고 그렇게 애썼을까
시간을 타고 들어가 내일 오면 찾을까

4부
또 어디로 갈까

십일월 앞에서

단풍이 갈까 말까 문밖을 서성이면
서리가 먼저 와서 이삿짐 살짝 푼다
시린 손 못 본 척하며 밀어내는 늦가을

해넘이 멀었는데 기우는 시간 너머
지나간 별자리에 바람이 찾아든다
옷깃을 여밀 틈 없이
발목 시린 달력 한 장

우려내다

길고 긴 걸음 속에 내뱉던 모난 말들
조금 더 덜어내고 더 오래 가라앉히면
찻잔을 감싸안는 향 가슴으로 스민다

묻힐 수 없는

총성을 끌어안고 탄피 아래 앉은 철모
오십오 일* 긴 고지 밤낮을 오르내린
옷 속의 못 전한 편지 눈을 뜨고 깨어난다

빗발치는 총탄 아래 어머닐 생각하며
떨치고 일어서던 그대들은 갓 스물
꽃으로 피지도 못한 앳된 꿈이 아리다

고지는 사라지고 이름도 잊었지만
시간을 끌어당기며 하나둘 얼굴 내민
학도병 단단한 결기 멈춘 숨을 다시 쉰다

* 낙동강 방어선 55일간의 전투.

구절초 시간

아홉 밤 더 지새우면 그대가 온다기에
까만 밤 새하얗게 창밖만 바라보던
수놓은 그리움 마디 걸음마다 뿌리지요

눈 가는 가장자리 수줍게 늘어놓고
흐르는 바람 따라 밟혀도 그냥 좋아
잊지 마 부탁 못 해도 다시 올 날 기다려요

말랑해지는 시간

틀 속에 묶어두고 다름을 보지 못한

좁아진 나이테를 슬며시 늘려본다

언 땅을 헤치고 나온 새싹들을 읽으며

내일이 있다는 건

일방통행 달려가면 만날 일 없겠지만
건널목 마주하면 우연인 듯 보게 될까
아닌 듯 가슴 졸이며 슬그머니 서본다

조금만 금이 가도 어긋나 버리지만
자꾸만 돌아보고 오던 길 더듬으며
오늘을 다독이면서 희망으로 걷는다

기다림이 필요할 때

꽃이 떨어졌다고 진 것이 아니란다
뿌리는 발을 쑤욱 봄 다시 만들거든
엉켜진 길 위에서도 길을 찾아 나서지

웃는 날만 있지 않아 비 오는 날도 있어
빗소리 듣다 보면 저절로 풀리는걸
촘촘히 보폭을 줄여 지켜보며 가야지

단풍 가슴

물관으로 끌어 올린 차가운 이성에도

해 질 녘 지핀 불은 산마루도 타고 탄다

불기둥 누르지 못한 어스름도 뻘겋고

이상기후를 읽다

어제는 얼었다가 오늘은 열기 가득
대지가 끓는다는 뒷말이 굴러간다
개구리 잠에서 깨어 십일월에 알 낳고

며칠의 혼란 속에 부화한 올챙이는
물속을 더듬으며 살아남길 꿈꾸지만
어린 생 철에 속아서 또 어디로 갈까

그래도 힘내

은행알 꾹꾹 담아 가만가만 내어주면
발걸음 가벼워져 함박웃음 절로 난다
시간아 멈추어다오 더 바랄 게 없었던

냄새난다 볼멘소리 귓가에 맴돌지만
나를 찾는 발소리에 꿋꿋이 버텼는데
자리를 내놓으라니 어디 가서 시작할까

갑자기 찾아오는 선택 없는 만남에도
품 열어 맞아주는 벗이 있어 괜찮은걸
꼿꼿이 마음 세우는 세상 앞에 서는 길

공항은 다이어트 중

가는 사람 남는 사람 모두가 바쁜 걸음
전광판 속에 있는 세상이 먼저 간다
오가며 덜어낸 무게 가방 속에 챙기며

비워내기

이리 봐도 저리 봐도 달려가는 사람들
따라갈 수 없는 나는 자꾸만 뒷걸음질
생각만 오르락내리락 같이 가지 못한다

잣대로 재지 않고 한자리에 붙박으면
욕심이 사라지고 흔들리지 않게 될까
앞서려 나서지 말고 내 걸음을 찾아야지

당신은 참깨

여름날 무더위에 목마름 참아가며
단비에 목 축이는 고소한 걸음걸음
알알이 정성으로 품어 나갈 시간 기다린다

땀으로 지친 하루 입맛을 잃어가는
당신께 온몸으로 똑똑똑 떨어지면
숨었던 생기 돌아와 새로운 날 만난다

대나무를 읽다

사르락 바람 소리
귓가를 지나가던

외통 속 채워놓은
마음 소리 들려오면

올곧아 속이지 않는
직립의 길 배운다

나들이가 야속해

목줄에 매인 채로 주인 눈만 바라보다
저보다 더 정 주는 휴대폰 힐끔힐끔
뒷발질 툭툭 풀어낸 먼지들도 툴툴댄다

화면에 웃고 우는 손가락 바쁜 시간
반려견 대접 않는 마음을 닫은 저녁
끌려간 알고리즘에 꼬리만 흔들흔들

너는 아파트

하늘을 찌를 듯이 켜켜이 쌓아 올린
내려올 생각 없다 오르면 그만이다
까맣게 타드는 마음
흔들리는 발걸음

5부

속삭임도 닮는다

먼나무, 어렵니

처음 그대에게 이름을 불러준 날
아무리 알려줘도 외우질 못하잖아
자꾸만 되물으면서 그 이름이 뭐더라

뭐냐고 물어보면 빙긋이 웃고 있다
자꾸만 대답해도 돌아서 되물으니
기대를 내려놓고는 말해주는 먼나무

보내지 못한 말

쓰다 만 이야기를
지우고 다시 쓴다

네가 있어 행복했다
말하고 싶었지만

목울대 감도는 그 말
뒤돌아서 뱉는다

삼족오를 기다리며

고구려 기상 닮은 겁 없는 까마귀는
무엇을 말하려고 벽화 속에 남았을까
핏줄에 살아 숨 쉬는 그날 불러 앉힌다

검은 새 재수 없다 오명을 덮어쓰고
산으로 숨어들어 숨죽여 살아가던
깨어난 전설 너머로 시작이다 날갯짓

다시 청춘

신나는 노래 맞춰 리듬에 몸 싣는다
날개 없는 날개 달고 올랐다 내려갔다
관절이 발버둥 쳐도 마음 젊어 좋은 날

맞춘 옷 맞춘 웃음 동작도 발맞추면
내 인생 봄날인 듯 어깨도 춤을 추는
박자에 주름을 다린 환한 얼굴 반갑다

통과 불통 사이

너와 나 서로에게 흐르는 길이었다
묵은 때 잔뜩 끼어 막히기 이전까지
서로를 바라봐야만 건너갈 수 있는 길

억새의 시간

뼈대 있는 집안이라 칼날을 벼린 걸까
닿으면 사정없이 베어내는 망나니
원망은 층층이 쌓여 불쑥불쑥 올라온다

내 마음 왜 몰라줘 부리는 난장 너머
그대로 되돌아와 가는 길목 막아서면
눈 질끈 몰랐다 하며 용서하라 해볼까

해 질 녘 남모르게 씻고 닦은 속마음
당신께 보여줄 날 손꼽아 기다리던
속살만 흐드러진 채 돌아보라 이끈다

괭이갈매기

서생원 농락하며 밤길을 장악하던

두 날개 사냥 본능 바다를 휘젓는데

눈동자 기억 속에는 고양이가 들었다

물, 이중성을 읽다

머리 감다 콧속으로 들어간 물 한 방울
지난날 고통받던 의연한 그들 생각
한순간 아프게 느낀 나 자신이 부끄럽다

어떻게 그 고통들 참아내 지켰을까
온갖 고문 이겨내 성한 곳 하나 없는
이제는 자유로워진 네가 있어 웃는다

반전을 기다리며

다듬지 못한 시간 성글게 건너가다
삐걱한 엉치뼈에 무너져 내린 저녁
등 돌린 식탁 너머로
굶주리는 그댈 본다

하나뿐인 내 편 챙김 왜 그리 서툴렀는지
밀려온 이기주의 반성의 시간이다
되돌려 마음 주고 싶은
발자국이 서럽다

되감기

"누군데 잘해주요"
마음 왈칵 무너진다
날 잊은 어머니가 걱정 말라 했는데
어린 날 봄을 그리는 그 버튼이 고장이다

경주 주상절리

그대에게 가는 이 길 설렘 가득 채인다
구름을 걷어버린 시린 그날 하늘처럼
포말로 부서져 내리는 바다가 와 닿았어

직립의 지지대는 기울어져 내렸어도
누운 채 날을 세며 부챗살 붙여간다
끓이던 지난 밤바람 모두 모아 보내오

한자리

내려다보는 그림자 흔들려도 그 자리

내가 너인 것처럼 네가 나를 보듯이

진초록 흐르는 자리
속삭임도 닮는다

겨울이 살고 있다

봄 오는 영상에는 자막도 봄내 나는데
준비 없는 내 마음은 찬바람 가득하다
건너편 도로 위에서 갈까 말까 망설이는

얼어붙은 언저리에 퍼즐을 맞춰봐도
길 잃고 헤매다가 멈추기 일쑤인걸
마중물 얼른 부으며 서두르는 봄 채비

궁중채화*를 만나다

뽕잎을 갉아 먹던 그때의 꿈이었다
누에가 더듬던 길 명주 실꾸리 같은
맘으로 비단을 보는
먼먼 걸음 재는 날

한 번의 인두질에 꽃잎이 따라 피고
조선의 구중궁궐 오얏꽃 깨어나는
눈빛에 시들지 않을
천의 향기 만난다

* 조선왕조 궁중진연宮中進宴을 장식하던 비단 꽃.

오늘도 불면증

이리로 또 저리로 갈수록 어려워지는
별도 달도 지쳤는지 집으로 돌아가고
불기둥 떠오르는데 졸린 눈이 아리다

도돌이 장마

여름만 온다더니 볼일이 많아진 걸까
때 없이 찾아와서 문밖을 서성인다
힘 올린 곡식 낟알이 다 녹아 흐르는데

길 잃은 강아지가 피할 수 없는 시간
정신을 붙잡아도 흔들리는 시선뿐
익숙함 사라져야만 제 자리를 찾을까

| 해설 |

코나투스와 즉자적 의식의 조건화
-박경연론

김태경 시조시인·문학평론가

 존재자는 자신의 존재 상태를 유지하려는 본질적인 힘을 지닌다. 현존자로서 자기 안에 머물러 존재성을 확인하고 자기와의 완전한 동일화를 추구하는 흐름이 암묵적 규범으로 작용하는 것이다. 현재적 본질을 발견하려는 원초적 욕망에는 정신과 육체를 아우르는 개체적 행동이 개별 요소로 자리한다. 스피노자의 견해를 빌리면, 현존자인 인간이 근원적 존재를 보존하고자 떠나는 윤리적 여로를 코나투스conatus라 한다. 이러한 존재 유지 욕망의 바탕에는 지금보다 성숙해진 자기를 형성하려는 의식이 함께 머무른다. 주변에 산재한 불안 요소들로부터 자신을 해방하려는 의지가 내적 에너지를 증폭시키며 주체의 사유 능력까지 향상시키는 것이다.

  정신과 육체를 본래적으로 탐색하는 사유 능력이 바로 지성intellectus이다. 지성은 인간이 능동성을 발휘할 수 있는 특별한 근력이다. 삶과 능동적 의지와 행동이 존재를 지키는 과정에 자기 자신의 동일한 본성이 드러나게 되는 것이다. 지성의 광선은 존재자의 모든 활동의 가치와 의미가 가시화될 수 있도록 비춘다. 따라서 존재자는 지성적 활동intelledtio을 통해 주변 세계를 둘러보고 그 속에서 벌어지는 세세한 이슈를 분석한다. 또 자신의 내면에서 움직이는 다양한 감정의 원인과 현상을 읽어낸다. 감정의 안정성과 불안정성을 구별하며 양자의 관계를 다각도로 규명하는 것이 지성적 행위이다.

  지성적 행위는 문학 영역 안에서 언어의 미감과 함께 이루어지기도 한다. 그러한 양상은 박경연 시인의 작품을 통해서도 확인할 수 있다. 박경연 시인은 2021년《부산시조》와 2023년《어린이시조나라》신인상을 받으면서 시조 문단에 데뷔하였다. 2021년부터는 학교에서 아이들에게 동시조를 지도하면서 시조를 계승하기 위한 노력을 보여주고 있다. 그녀는 시조를 공부하고 창작하면서 시조의 정체성과 매력을 알게 되었다. 그리고 시조가 후대에 계속 이어지게 하기 위해서 초등학생들에게 시조를 가르치는 일이 매우 중요하다고 판단했다. 이러한 이유로 박경연 시인은 학생들에게 시조를 지도하는 시간이 커다란 행복이라고 말한다.

박경연 시인이 존재자로서 자신의 정신과 육체를 본질적 관점에서 이해하고자 했던 코나투스와 세계를 유영하는 다양한 사건들을 함축적으로 풀어낸 산출물이 첫 시집 『수다 축이 기울 때』이다. 그녀가 이번 시집에서 보여주는 즉자적 의식은 "눈꺼풀 밀어낸 자리/ 첫걸음을 디디며"('여는 시조') 지성적 사랑 amor intellectualis Dei으로 발현된다. 그것은 세계를 이루는 요소 및 본질을 영원으로서 이해하는 지성과 그에 대한 고유한 사랑에서 나온다. 그 안에서 지적 유영을 한다는 것은 박경연 시인이 "조금 더 덜어내고 더 오래 가라앉히"(「우려내다」)며 발견한 정념적 삶의 과정을 살피는 바와 같다. 그녀가 "꼿꼿이 마음 세우는 세상 앞에 서는 길"(「그래도 힘내」)에 발 내딛고 동행하는 동안 지성의 근원적 활력을 얻게 될 것이다.

＊

　인간은 자신의 존재를 보존하려는 본질적 욕망을 해소하기 위해 '나'를 둘러싼 또 다른 현존자들과의 관계성을 객관화한다. 더 나아가 세계를 이루는 부분과 개별 사물들의 연결망을 풀어내기 위한 인식 아래 지성을 발휘한다. 인식의 문제를 여러 각도에서 접근하고자 했던 스피노자는 상상 혹은 경험에서 얻는 감성지感性知, 논증적 인식에 따른 이성지理性知, 직관적 인식scientia intuitiva을 통해 전체와 개별 사물을 이해하는 직각지直覺知로 구분하여 분석하였다. 그중에서도 사물의 본질을 파악하는 데 가장 적절한 방식을 '직각지'로 보았다.

　존재 양상을 언어나 이미지를 통해 명시하는 사이에 단절을 경험하게 되는 경우, 시인은 직각지를 닦아세우며 "내가 너인 것처럼 네가 나를 보듯이"(「한자리」) 자신과 세상을 둘러본다. "내 안을 흔드는 바람/ 물소리로 달"(「쇠백로, 온천천을 날다」)래면서, 주변 세계와 사물이 존재하는 형태를 이해하고 각각의 연결고리 사이에서 혼돈을 해결하는 지성을 증명하는 것이다.

입 짧은 햇살 아래 빨래가 줄을 탄다
바람에 몸을 실어 하늘까지 닿을 무렵
갑자기 웅크린 구름에 바빠지는 걸음들

후두둑 알림 없이 뿌려지는 순간 공격
숨 죽어 매달려선 구해달라 손 내민다
물먹어 축 늘어지다 구겨진 채 들어가는

난타로 두들기던 빗줄기 밀려난다
설레발 밉지 않은 그대를 맞이하며
젖은 맘 걷어 가기를 보폭 넓게 나선다
 -「또 한때 맑음」 전문

 인용 시는 주체와 근접한 세계에서 '빨래'와 비 혹은 맑음이라는 '날씨'의 관계성을 직각지로 해독하였다. 해가 제힘을 다 발휘하지 못한 날이었을 것이다. 시인은 이를 두고 "입 짧은 햇살"이라고 형상화하였다. 그런 햇빛 아래 빨래가 마치 '줄타기'를 하는 듯한 모습으로 걸려 있다. 그런데 "갑자기 웅크린 구름"에 '후두둑' 비가 쏟아진다. 빨래는 "물먹어 축 늘어"진 채 구겨졌다. 주변 세계와 사물 사이에 혼돈이 발생하는 모습을 시각·청각적으로 그려낸 것이다. 잠시 후 "난타로 두들기던 빗줄기"가 멈췄다. 그렇게 "또 한때 맑음"일 때, 주체는 몹시 서두르며 부산하게 굴었던 행동이 밉지 않게 느껴진다. 혼돈 속에서도 세계에 대한 이해와 수용적 자세로 "젖은 맘 걷어 가기"를 소원한다. 존재자로서 주체의 마음 보폭이 넓어지게 된 것이다. 이처럼 박경연 시인은 세계를 "틀 속에 묶어두고 다름을 보지 못"(「말랑해지는 시간」)하는 옹졸함이 아니라 "언 땅을 헤치고 나온 새싹들을 읽으며"(「말랑해지는 시간」) 부정을 희망으로 읽어내는 코나투스의 힘을 그의 시조 안에 담아둔다.

  이파리 하늘대는 바람에 맡겨두고
  보랏빛 예쁜 천에 하나둘 별을 담아
  전해줄 마음씨 하나 애면글면 키운다

  콜록거린 밤을 두고 새벽은 모를 거야
  눈꺼풀 내려오며 다리까지 풀어지는
  정신을 모으려 해도 가물대는 숨소리

긴 시간 고이 숨긴 흰 속살 걷어내고

씨줄 날줄 촘촘하게 이슬을 빚어낸다

잠 못 든 네게로 간다

새 발걸음 가볍다

　-「맥문동 옆에 앉아」전문

　자연물과 주체의 체험을 결합하여 삶의 고통과 희생적 사랑을 노래한 작품이다. 제목에 드러난 '맥문동'은 푸른 잎을 지녔고 여름에는 보랏빛 꽃을 피운다. 겨울에도 꿋꿋하게 생명을 유지하는 식물이기 때문에 인내와 끈기를 상징하는 시적 소재로 활용되기도 한다. 인용 시에서 주체가 맥문동 옆에 앉는다는 표현은 자신과 맥문동이 지닌 생명성과 동일시하며 내적 성장과 성찰을 도모하는 자세를 함축한다.

　주체는 직각지의 사유를 기저로, 시적 대상이 바람에 흔들리는 모습을 별과 보랏빛의 이미지에 담아 타자에게 전하려는 "마음씨 하나 애면글면 키운다"고 고백하였다. 그의 태도에서 내적 정화가 이루어지며 애틋한 헌신의 태도를 드러낸다. 주체와 합일된 시적 대상은 밤에 콜록거리는 단절과 고통의 시간을 보낸다. "가물대는 숨소리"

를 내면서 '새벽'이 모르게 이겨낸다. 그렇게 긴 시간 동안 "흰 속살 걷어내고" 순수하고 맑은 형태의 "이슬을 빚어낸다". 세계의 고통을 직시하고 이겨내며 순수해진 상태로 "잠 못 든 네게" 가는 것이다. 시인은 지성적 사랑을 강조하는 자세를 자연물이 지닌 심상을 통해 우회적으로 드러낸다.

이처럼 박경연 시조에서 자신의 본질을 보존하려는 코나투스는 존재를 향한 지성적 사랑으로 표출된다. 그것은 자신과 주변 세계의 관계를 탐색하는 직각지를 발휘하여 이해와 동일시를 실현하고 단절을 극복하려고 한다. 그의 시에서 혼돈을 해결하는 힘은 "한 술에 몸이 녹"고 "오늘 하루 따뜻"(「무료 급식소」)해지게 만든다. "속상한 눈물 자국 분노의 그림자도/ 말없이 있는 그대로 품 열어 받아주는/ 당신의 큰 마음자리 흉내 내"(「품 넓은 의자」)며 대상을 닮아간다. 그렇게 그의 시편 곳곳에는 "온기를 덧대는 가슴 빗장 풀고 다시"(「지금이 가장 빠를 때」) 시맥이 뛰고 있다.

　인간이 세계의 한 부분이며 우주의 원리에 따르게 된다는 것을 인지한다면, 존재자는 순리를 묵묵하게 인내하게 된다. "조금만 금이 가도 어긋나 버리지만/ 자꾸만 돌아보고 오던 길 더듬으며"(「내일이 있다는 건」) 주체와 연결되어 정동하는 세계의 요소를 파악해야 하는 것이다. 그리하면 앞으로 걸어가야 할 방향에 불이 켜지게 된다. "우리들이 이러한 것을 명석 판명하게 인식한다면, 지성으로 정의되는 우리들의 그 부분, 곧 우리들의 더 좋은 부분은 분명히 그것에 만족하고 그 만족을 보존하려고 노력할 것이다."(『에티카』 제4부, 제32항) 그러나 인간은 세계를 이루는 요소를 본질적으로 이해하지 않고 우주의 원리를 거스르기도 한다. 이를 깨닫는 인간은 "까맣게 타 드는 마음/ 흔들리는 발걸음"(「너는 아파트」)으로 존재를 위태롭게 하는 윤리적 여로를 걷게 된다. 따라서 현존자로서 인간에게 이와 같은 상황을 인지할 수 있는 지성이 필수적으로 요구되는 것이다.

　　한 번의 전성기로 스티로폼 경력 잃고

새하얀 가루가 되어 물고기 밥 되었지
싱싱한 민어 조기가 입을 닫고 누운 좌판

편했던 플라스틱 분리를 해냈지만
선택을 받지 못한 너는 또 떠돌다가
바다로 밀려 들어가 섬 하나를 만든다지

울다가 멍든 바다 끝없는 키 높이기
쫓겨난 북극곰은 꺼멓게 속이 탔대
다음은 누구 차렐까 눈 감아도 보이지
 －「우선 대기표」 전문

어제는 얼었다가 오늘은 열기 가득
대지가 끓는다는 뒷말이 굴러간다
개구리 잠에서 깨어 십일월에 알 낳고

며칠의 혼란 속에 부화한 올챙이는
물속을 더듬으며 살아남길 꿈꾸지만
어린 생 철에 속아서 또 어디로 갈까
 －「이상기후를 읽다」 전문

위 두 인용 시는 오늘날의 생태 위기를 비판적으로 성찰한 시조이다.「우선 대기표」는 스티로폼과 플라스틱이 남용되는 현실태를 문제 상황으로 인식하였다. 소비되고 버려진 쓰레기가 바다를 오염시키며 생태계를 파괴하는 과정을 풍자적으로 보여준다. 특히 "한 번의 전성기로 스티로폼 경력 잃고/ 새하얀 가루가 되어 물고기 밥 되었"다는 진술이 블랙 유머와 같은 아이러니를 드러내며 독자의 눈길을 끈다. 분리수거되지 못하고 떨어져 나온 '너'는 또다시 떠돌다가 바다의 '섬'을 이룬다. 태평양에 있다는 쓰레기 섬을 연상시키면서 그로 인한 피해가 '북극곰'에게 가 닿는 상황을 언급한 것이다. 이 작품은 생태 위기가 여러 존재에게 연결되어 영향을 미치는 과정을 보여주고, "다음은 누구 차렐까"라는 물음에서 최종적으로 인간에게 부메랑처럼 돌아오게 되리라는 메시지를 전한다.

  한편,「이상기후를 읽다」는 기후 위기로 계절의 경계가 붕괴된 현실을 그린다. "어제는 얼었다가 오늘은 열기 가득"한 대지의 모습을 제시하면서 지구 온난화로 인한 기후 변동의 위험성을 드러낸다. 계절의 혼란 속에 올챙이가 부화하고 "물속을 더듬으며 살아남길 꿈꾸지만" 기후에 적응하지 못하여 생존의 위험에 빠진다. 이는 비단 자연물에게만 해당하진 않을 것이다. 인간 세계의 암울한 미래를 암시하는 우회적 비유라고 볼 수 있다. 박경연 시인의 시조가 선보이는 지성은 생태 문제의 심각성을 냉철하게 객관적으로 부각한다. 이로써 현대인이 지향해야 할 생태 윤리와 그에 따른 경각심을 효과적으로 구체화하고 있는 것이다.

    좁은 땅 콩나물시루 눈앞 캄캄하다며
    산수로 계산하다 놓쳐버린 통계치
    저출산 파도에 밀려
    돌아갈 길 아득하다

    돈으로 살 수 없는 아기의 울음인데
    지원비 타령 하는 눈가림 아웅 소리
    시류를 읽지 못하는 인구정책 속 탄다
    -「잘못된 선택」 전문

「잘못된 선택」은 저출산 문제를 다루면서 우리 사회의 지성적 통찰이 좌절된 상황을 고발하고 있다. "산수로 계산하다 놓쳐버린 통계치"라는 표현을 통해, 미래를 멀리 예측하지 못한 근시안적인 정책의 문제점을 지적한 것이다. 현상의 근원을 제대로 파악하기보다 인간의 출생에 대해 단순한 수치와 통계로만 인식한 것에 관한 비판이라 할 수 있다. 이는 스피노자의 말을 빌려 사물의 본질을 추구하지 못한 부적합한 인식에 속한다. 그 결과는 비효율적인 정책과 사회의 혼란을 가져오기 마련이다. "돈으로 살 수 없는 아기의 울음"이 그 결과의 한 사례로 작용한다. 생명의 존엄성은 수치로 환산될 수 없는 필연적 실재에 해당한다. 이를 명확하게 이해하는 자세가 지성적 태도이다. 하지만 현재 우리 사회가 시행하는 정책은 "지원비 타령 하는 눈가림 아웅 소리"에 머물러 있다. 저출산의 근본적인 원인에 대한 대안을 마련하지 못하고 임시방편으로 일관하는 것이다. 그러므로 주체는 "시류를 읽지 못하는 인구정책"에 속이 탈 수밖에 없다. 위 시는 이러한 혼동된 관념의 전형에서 벗어나 저출산 문제를 극복하기 위한 지성적 통찰이 필요함을 강조하고 있다.

살펴본 것처럼, 박경연 시인은 우주의 순리에 어긋나는 인간의 행동에 대해 스스로 각성할 것을 촉구하는 시편을 선보인다. 세계의 부분인 존재자로서 "어디로 기울지 않는 맑은 향기 흐"(「오케스트라 흔적」)를 수 있도록 "목울대 감도는 그 말/ 뒤돌아서 뱉는"(「보내지 못한 말」) 것이다. 여기에는 생명의 본질과 인간 사회의 연관성을 면밀하게 살피고, 서로를 잇는 필연적 조건을 인지하고자 한 시인의 지성이 후경을 이룬다. "끓이던 지난 밤바람 모두 모아 보내"(「경주 주상절리」)고 우리 "속에 든 찌꺼기도 걸러져 나온다면/ 빗장을 확 열어젖혀 마음껏 퍼줄"(「발갛게 부어오르는」) 사유의 힘이 이번 시집에 담겨 있다.

*

   스피노자의 철학에서 지성은 이성적 능력에만 귀속되지 않는다. 존재자로서 인간을 정념의 굴레에서 벗어나게 하고, 우주 원리의 인과성을 깨닫게 한다. 그러는 동안 지성은 인간이 본질적으로 추구하는 자유를 획득하게 만드는 원동력이 된다. 고통, 불안, 슬픔, 집착 등 부정적 감정을 피할 수는 없지만, 지성의 작용을 통해 이러한 정념도 체화하는 삶의 태도를 중시하는 것이다. 요컨대, 지성적 행위는 정념을 인정하지 않거나 회피하는 게 아니라, 그러한 감정이 드는 원인을 분명하게 밝히고 자신의 삶을 긍정으로 나아가게 만드는 실천적 코나투스라 할 수 있다.

  박경연 시조는 삶 속에서 발생하는 불안과 혼란의 정념을 지성적 성찰을 통해 승화시키는 모습을 보여준다. 자신의 행동에 대한 반성과 생의 고난 등 다양한 화제를 시적 소재로 취하면서, 자신의 정념을 스스로 인식하고 이를 성찰적 자세와 희망적 전언으로 전환한다. 그러한 점에서 그의 작품 생산은 자유를 향한 지성적 활동이라 할 수 있다.

  나이 들어 생겨난 쉽게 못 고치는 버릇
  주변이 조용하면 왜 견디기 어려울까
  할 말만 가려 하리라 다짐으로 남는다

  틈만 나면 이르시던 어머니 말씀 떠올라
  무르려 애써봐도 돌이킬 수 없는 시간
  한 발짝 내디뎌 본다
  거울인 듯 날 보며
   -「수다 축이 기울 때」 전문

이 작품은 말에 대한 경계심을 드러내고 있다. "주변이 조용하면 왜 견디기 어려울까"라는 물음의 뒷면에는 침묵을 불안하게 여기는 주체의 정념적 상태를 가늠케 한다. 그 불안은 다른 존재자들과의 관계에 대한 조바심도 내재되어 있을 것이다. 그러나 주체는 성찰적 태도로 "할 말만 가려 하리라 다짐"한다. 말을 절제하려는 의지는 과거 어머니께서 이르시던 말씀에 영향을 받은 것으로 보인다. 이제는 "무르려 애써봐도 돌이킬 수 없는 시간" 속에서 어머니에 대한 기억을 떠올리는 주체는, 마치 "거울인 듯 날 보며" "한 발짝 내디뎌" 자신을 점검한다. 자기 자신과 객관적 거리를 유지하며 스스로 되돌아보는 작업은 정신과 육체를 탐색하며 근원적 존재를 보존하려는 코나투스의 면모이다.

"앞만 보다 놓치는 길섶의 풀꽃처럼"(「지금은 정체 중」) 섬세하게 눈여겨봐야 할 존재가 있다. 그중에는 자기 자신도 포함된다. 인간은 때때로 앞을 보며 나아가다가 정작 자기를 놓쳐버리기도 한다. 박경연 시인에게 시조는 자신을 놓치지 않으려는 "외로운 줄다리기 오늘도 이어가며/ 내일은 괜찮아지리/ 또 다지며 당기는"(「당겨야 산다」) 내적 자각의 시공간이기도 하다.

올빼미 날아올라 우듬지 몸을 틀면
지나간 조각들이 얽혀서 줄을 선다
밝았던 표정 거두고 일그러진 모습으로

초시계 소리조차 숨죽여 흐르는데
머리는 예민해져 가시가 돋는 한밤
불면이 손을 잡으며 더 가자고 하지만

돌아온 햇살 아래 쪼그라든 종이같이
오늘도 웅크린 채 긴 벽에 기대서도
불안을 지워버리면 단꿈 절로 오겠지
 -「잠을 잊은 그대에게」 전문

 그저 웃으며 밝게 살고 싶지만, 생이라는 게 불안 없이 살기가 쉽지 않다. 불안과 밤이 겹치면 불면으로 이어지기 마련이다. 희망과 "평행선 갈 수 없어/ 달아나 버리지만"(「1%의 확률」) 자신의 정념을 다시 자각하고 어두워지려는 내면을 붙잡지 않으면 안 된다. 인용 시의 주체도 "초시계 소리조차 숨죽여 흐르는데/ 머리는 예민해져 가시가 돋는 한밤"을 보내고 있다. "일그러진 모습으로" "지나간 조각들이 얽혀서 줄을" 서기 때문이다.

존재자와 통일을 이루지 못하는 외부 세계는 신체에 영향을 미치고 자기 통제력을 상실하게 만든다. 하지만 주체는 "불면이 손을 잡으며 더 가자고 하"는 것을 뿌리치려는 태도를 보인다. "오늘도 웅크린 채 긴 벽에 기대"선 상황에서도 "불안을 지워버리면 단꿈 절로" 올 것이라는 믿음을 품는 것이다. "각각의 인간은 자신의 정서를 근거로 모든 것을 조절하며, 상반된 정서에 사로잡힌 사람은 자신이 무엇을 욕구하는지를 알지 못하며, 아무런 정서에도 매여 있지 않은 사람은 하찮은 것에 의해서도 쉽사리 이리저리 흔들"(『에티카』 제3부, 정리2 주석)린다. 그러나 박경연 시조의 주체는 자기 안에 머물러 존재성을 인지하고 정서를 분명하게 파악한다. 더 나아가 이를 극복하려는 사유 능력과 의지를 드러낸다. 그의 코나투스가 시집 저변에 건강하게 흐르고 있음을 알게 하는 지점이기도 하다.

꽃이 떨어졌다고 진 것이 아니란다
뿌리는 발을 쑤욱 봄 다시 만들거든

엉켜진 길 위에서도 길을 찾아 나서지

웃는 날만 있지 않아 비 오는 날도 있어
빗소리 듣다 보면 저절로 풀리는걸
촘촘히 보폭을 줄여 지켜보며 가야지
—「기다림이 필요할 때」 전문

  끝은 새로운 시작의 다른 이름이다. 「기다림이 필요할 때」에서 '꽃'만큼은 꼭 그러하다. 위 작품은 그 어느 작품보다도 도전적인 지성의 자세를 보여준다. 주체는 '뿌리'가 "발을 쑤욱 봄 다시 만들"기를 하기에 꽃이 떨어졌다고 아주 진 게 아니라고 말한다. 쇠락 속에서 생명을 읽어내고, 둘째 수에서 우리 생이 웃는 날만 있을 수 없고 비가 내리는 날도 있다는 자연스러운 이치를 담담하게 언급한다. "촘촘히 보폭을 줄여 지켜보며" 빗소리를 들으면 안 풀리던 생각들이 저절로 풀리기도 한다. 길 위에서의 고난이 '비'를 통과하며 성장과 치유로 전환된다. 그러므로 풀리지 않는 일을 두고 조급하고 힘들게만 생각할 게 아니다. 인내하고 기다리는 동안 웃음이 바짝 다가와 있을 것이다. 그 안에 자신을 지키는 자유의 꽃이 피게 된다.

*

　박경연의 시 세계는 존재자인 인간이 피할 수 없는 정념의 상태를 드러내면서, 그것을 지성적 활동으로 극복하려는 의지를 보여준다. 불안을 이겨내고 내적 성찰을 모색하거나 생의 고통을 개연적인 것으로 수용하며 긍정적 사유를 도모하는 것이다. 또 우주의 원리 속에서 시련을 인고와 절제의 자세로 타파한다. 그리고 이러한 시적 특성은 지성이라는 즉자적 의식을 거쳐 발현된다.

　지성적 사유와 맞닿는 지점에 존재자의 삶을 깊이 탐구하는 시인의 태도가 녹아 있다. 이제 다시, 그의 시조가 "지나간 별자리에 바람이 찾아든다"(「십일월 앞에서」). 그 바람은 "혼자서 하기보단 둘이서 가야 할 길"(「용미리 마애이불입상」)이다. 그러면 그 "바람을 타고 다니는 저 춤사위 파도"(「파도는 아닙니다만」)가 되겠다. 지성적 행위와 사랑도 파도처럼 춤을 추며 그 영역이 점차 확장될 것이다. 박경연 시인이 시조와 함께 "꿈 찾아 떠나간 자리/ 꽃불이면 좋겠다"(「도시로 간 홀씨」). 꼭 그러하길 바란다.